CLARKSON POTTER/PUBLISHERS

An imprint of the Crown Publishing Group
A division of Penguin Random House LLC
1745 Broadway,
New York, NY 10019
clarksonpotter.com
penguinrandomhouse.com

ISBN 978-0-593-80003-4

Editor: Deanne Katz
Designers: Laura Palese and Nicole Block
Illustrations by Anastasiia Hevko via Shutterstock.com
Production editors: Serena Wang and Taylor Teague
Production manager: Kelli Tokos
Proofreaders: Surina Jain and Tess Rossi
Marketer: Chloe Aryeh

Manufactured in Malaysia

10 9 8 7 6 5 4 3 2 1

First Edition

The authorized representative in the EU for product safety and compliance is Penguin Random House Ireland, Morrison Chambers, 32 Nassau Street, Dublin D02 YH68, Ireland, https://eu-contact.penguin.ie.

Q&A A DAY FOR KIDS is a special journal of questions to ask your child every day for three years. This brief daily ritual not only lets you see the evolution of their answers, but it also become a time capsule of your child's life.

Because the questions in this book were written for kids between the ages of three and ten, some questions might be a bit advanced for the youngest children. You can always reword them to make them more appropriate. If your child interprets a question differently, going with their interpretation will likely be more fun and more interesting.

Depending on the age of your child, you may be sitting with them as they dictate. Or they may take over the book and write in it on their own. Some of your child's answers may delight you. Some ma surprise you. Some may even concern you. To have a true record, yo may want to hold back from commenting and just see where your child is and where they go.

What an adventure it is to witness your child's developing and deepening thoughts and feelings over three years! In some ways, a child may change dramatically, and in others, they may remain essentially the same. *Q&A a Day for Kids* is a wonderful way for children to get to know themselves and for you as a parent to witness and record the process.

JANUARY 1

Write your name.

20_ _

20_ _

20_ _

JANUARY 2

What is your favorite thing to do with friends?

20_ _ _____

_____

_____

_____

_____

_____

20_ _ _____

_____

_____

_____

_____

_____

20_ _ _____

_____

_____

_____

_____

_____

JANUARY 3

What are you excited about?

20__ __

_____

_____

_____

_____

_____

20__ __

_____

_____

_____

_____

_____

20__ __

_____

_____

_____

_____

_____

JANUARY 4

Which animal do you feel like today? Why?

20_ _

_____

_____

_____

_____

_____

_____

20_ _

_____

_____

_____

_____

_____

_____

20_ _

_____

_____

_____

_____

_____

_____

JANUARY 5

Describe a time when you were mad.

20_ _ _____

_____

_____

_____

_____

_____

20_ _ _____

_____

_____

_____

_____

_____

20_ _ _____

_____

_____

_____

_____

_____

JANUARY 6

If you could take a trip anywhere in the world, where would you go?

20____

_____

_____

_____

_____

_____

20____

_____

_____

_____

_____

_____

20____

_____

_____

_____

_____

_____

JANUARY 7

What would you like to do but can't do yet?

20＿＿

_____

_____

_____

_____

_____

20＿＿

_____

_____

_____

_____

_____

20＿＿

_____

_____

_____

_____

_____

JANUARY 8

Who is your hero? Why?

20__ __

_____

_____

_____

_____

_____

20__ __

_____

_____

_____

_____

_____

20__ __

_____

_____

_____

_____

_____

JANUARY 9

I wish I had more _____.

20_ _ _____

_____

_____

_____

_____

_____

20_ _ _____

_____

_____

_____

_____

_____

20_ _ _____

_____

_____

_____

_____

_____

JANUARY 10

20___ ___

_____

_____

_____

_____

_____

20___ ___

_____

_____

_____

_____

_____

20___ ___

_____

_____

_____

_____

_____

JANUARY 11

Has anyone ever called you a name?
Write about it.

20___ _____

_____

_____

_____

_____

20___ _____

_____

_____

_____

_____

20___ _____

_____

_____

_____

_____

JANUARY 12

How do you feel when friends play with your things?

20_ _

20_ _

20_ _

JANUARY 13

_____ is a silly thing I did lately.

20___

_____

_____

_____

_____

_____

20___

_____

_____

_____

_____

_____

20___

_____

_____

_____

_____

_____

JANUARY 14

Who helps you when you're sad?

20___

_____

_____

_____

_____

_____

20___

_____

_____

_____

_____

_____

20___

_____

_____

_____

_____

_____

JANUARY 15

If you could buy anything, what would you buy?

20_ _

20_ _

20_ _

JANUARY 16

I felt awful when _____.

20_ _ _____

20_ _ _____

20_ _ _____

JANUARY 17

What did you have the most fun doing today?

20_ _

20_ _

20_ _

JANUARY 18

What sounds do you hear around you?

20_ _

20_ _

20_ _

JANUARY 19

How do you feel about babysitters?

20_ _

_____

_____

_____

_____

_____

20_ _

_____

_____

_____

_____

_____

20_ _

_____

_____

_____

_____

_____

JANUARY 20

Describe your favorite snack and the place you like to eat it.

20_ _

20_ _

20_ _

JANUARY 21

Do you believe in aliens? Explain.

20_ _

20_ _

20_ _

JANUARY 22

20_ _ _____

_____

_____

_____

_____

_____

20_ _ _____

_____

_____

_____

_____

20_ _ _____

_____

_____

_____

_____

JANUARY 23

Did anyone bug you today? If so, how?

20___

_____

_____

_____

_____

_____

20___

_____

_____

_____

_____

_____

20___

_____

_____

_____

_____

_____

JANUARY 24

I make a good friend because
_____?

20_ _ _____

_____

_____

_____

_____

_____

20_ _ _____

_____

_____

_____

_____

_____

20_ _ _____

_____

_____

_____

_____

_____

JANUARY 25

How do you feel about sitting at the dinner table?

20__ __

20__ __

20__ __

JANUARY 26

I'm worried about _____.

20____ _____

_____

_____

_____

_____

_____

20____ _____

_____

_____

_____

_____

_____

20____ _____

_____

_____

_____

_____

_____

JANUARY 27

What have you done lately that you're proud of?

20___

_____

_____

_____

_____

_____

20___

_____

_____

_____

_____

_____

20___

_____

_____

_____

_____

_____

JANUARY 28

When you look in the mirror, what do you see?

20_ _

20_ _

20_ _

JANUARY 29

What jobs look interesting to you?

20_ _

_____

_____

_____

_____

_____

20_ _

_____

_____

_____

_____

_____

20_ _

_____

_____

_____

_____

_____

JANUARY 30

Which book character would you like to meet?

20____

20____

20____

JANUARY 31

What was the most boring part of school today?

20_ _

20_ _

20_ _

FEBRUARY 1

What do you hope for?

20__ __

_____

20__ __

_____

20__ __

_____

FEBRUARY 2

Which toys do you like to take to bed?

20_ _ _____

_____

_____

_____

_____

_____

20_ _ _____

_____

_____

_____

_____

_____

20_ _ _____

_____

_____

_____

_____

_____

FEBRUARY 3

Describe a time you felt bad for someone else.

20_ _

20_ _

20_ _

FEBRUARY 4

What are you thankful for today?

20__ __

20__ __

20__ __

FEBRUARY 5

What is your favorite thing in nature?

20＿＿ _____

_____

_____

_____

_____

_____

20＿＿ _____

_____

_____

_____

_____

_____

20＿＿ _____

_____

_____

_____

_____

_____

FEBRUARY 6

When was the last time you felt shy or quiet? Why?

20_ _ _____

_____

_____

_____

_____

20_ _ _____

_____

_____

_____

_____

20_ _ _____

_____

_____

_____

_____

FEBRUARY 7

I like it when my family _____ together.

20_ _ _____

_____

_____

_____

_____

_____

20_ _ _____

_____

_____

_____

_____

_____

20_ _ _____

_____

_____

_____

_____

_____

FEBRUARY 8

What rules at school don't make sense to you?

20_ _

_____

_____

_____

_____

_____

20_ _

_____

_____

_____

_____

_____

20_ _

_____

_____

_____

_____

_____

FEBRUARY 9

What's your favorite lunch?

20_ _ _____

_____

_____

_____

_____

_____

20_ _ _____

_____

_____

_____

_____

_____

20_ _ _____

_____

_____

_____

_____

_____

FEBRUARY 10

I'm glad the book character _____ is not real.

20_ _ _____

_____

_____

_____

_____

_____

20_ _ _____

_____

_____

_____

_____

_____

20_ _ _____

_____

_____

_____

_____

_____

FEBRUARY 11

Have you ever taught someone else something? What?

20_ _

20_ _

20_ _

FEBRUARY 12

What would you hate to lose?

20__ __

20__ __

20__ __

FEBRUARY 13

If you buried a treasure chest, what would be in it?

20_ _ _____

_____

_____

_____

_____

20_ _ _____

_____

_____

_____

_____

20_ _ _____

_____

_____

_____

_____

FEBRUARY 14

What do you really like about yourself today?

20_ _

20_ _

20_ _

FEBRUARY 15

What is your favorite sport? Why?

20___
_____
_____
_____
_____
_____
_____

20___
_____
_____
_____
_____
_____
_____

20___
_____
_____
_____
_____
_____
_____

FEBRUARY 16

I know I can _____ on my own, but no one else thinks so.

20_ _

_____

_____

_____

_____

_____

20_ _

_____

_____

_____

_____

_____

20_ _

_____

_____

_____

_____

_____

FEBRUARY 17

What did you do this week to keep your body strong and healthy?

20___ _____

_____

_____

_____

_____

20___ _____

_____

_____

_____

_____

20___ _____

_____

_____

_____

_____

FEBRUARY 18

When were you brave?

20_ _

_____

_____

_____

_____

_____

_____

20_ _

_____

_____

_____

_____

_____

_____

20_ _

_____

_____

_____

_____

_____

_____

FEBRUARY 19

**If I had three wishes, they would be
_____ , _____ , and _____.**

20_ _

20_ _

20_ _

FEBRUARY 20

When did you feel like lying, but told the truth?

20_ _

20_ _

20_ _

FEBRUARY 21

Write about a time you helped someone.

20___ ___
_____
_____
_____
_____
_____

20___ ___
_____
_____
_____
_____
_____

20___ ___
_____
_____
_____
_____
_____

FEBRUARY 22

Describe what one of your parents does for a job.

20＿＿

20＿＿

20＿＿

FEBRUARY 23

What advice do you have about keeping a friend?

20_ _

20_ _

20_ _

FEBRUARY 24

When do you feel peaceful and calm?

20____

20____

20____

FEBRUARY 25

What is your favorite TV show?

20_ _

20_ _

20_ _

FEBRUARY 26

Which noises bother you?

20_ _

20_ _

20_ _

FEBRUARY 27

Describe something you would never change about yourself.

20_ _

20_ _

20_ _

FEBRUARY 28

Which one of your senses (seeing, hearing, smelling, touching, or tasting) is your favorite? Why?

20_ _

20_ _

20_ _

FEBRUARY 29

Is this a leap year? Did anything unusual happen today?

20___

_____

20___

_____

20___

_____

MARCH 1

What is the best thing about a rainy day?

20_ _

20_ _

20_ _

MARCH 2

What is hard for you to do?

20_ _

20_ _

20_ _

MARCH 3

Who taught you something you really wanted to know? What was it?

20_ _

20_ _

20_ _

MARCH 4

I don't like to wear _____.

20____ _____

_____

_____

_____

_____

_____

20____ _____

_____

_____

_____

_____

_____

20____ _____

_____

_____

_____

_____

_____

MARCH 5

What is the best thing about your life right now?

20_ _

20_ _

20_ _

MARCH 6

Whom do you feel most safe with?

20__ _

20__ _

20__ _

MARCH 7

What does someone else have that you wish you had?

20_ _

20_ _

20_ _

MARCH 8

How do you feel about video games?

20_ _ _____

20_ _ _____

20_ _ _____

MARCH 9

Have you gone anywhere new lately?

20_ _

_____

20_ _

_____

20_ _

_____

MARCH 10

What does the sky look like today?

20_ _

_____

20_ _

_____

20_ _

_____

MARCH 11

What do you wish you had more time for these days?

20_ _

_____

20_ _

_____

20_ _

_____

MARCH 12

If you ruled the world, what would you change?

20_ _

_____

20_ _

_____

20_ _

_____

MARCH 13

Do you like your name? Is there another name you'd rather have?

20_ _

20_ _

20_ _

MARCH 14

Do the clothes you're wearing today feel right for you? Why or why not?

20_ _

20_ _

20_ _

MARCH 15

Name one troublemaker in your life. Explain.

20_ _

20_ _

20_ _

MARCH 16

What would you do with a giant cardboard box?

20_ _

20_ _

20_ _

MARCH 17

What are you wearing that's green?

20_ _

20_ _

20_ _

MARCH 18

What is your favorite way to get around?

20____

20____

20____

MARCH 19

What is the best part of your birthday?

20_ _

20_ _

20_ _

MARCH 20

What are the worst jobs you've ever heard of?

20_ _

20_ _

20_ _

MARCH 21

How have you helped your family this week?

20_ _

_____

20_ _

_____

20_ _

_____

MARCH 22

When was the last time you felt embarrassed?

20_ _

_____

_____

_____

_____

_____

20_ _

_____

_____

_____

_____

_____

20_ _

_____

_____

_____

_____

_____

MARCH 23

**Whom do you have the most fun with?
What do you do together?**

20_ _

20_ _

20_ _

MARCH 24

Do you ever get in trouble? Describe one time.

20_ _

20_ _

20_ _

MARCH 25

Where is your favorite place in nature?

20_ _

20_ _

20_ _

MARCH 26

I complain about _____ a lot.

20_ _

_____

_____

_____

_____

_____

20_ _

_____

_____

_____

_____

_____

20_ _

_____

_____

_____

_____

_____

MARCH 27

What musical instrument do you play or would you like to play?

20_ _

_____

20_ _

_____

20_ _

_____

MARCH 28

Who is the oldest person you know?

20_ _

20_ _

20_ _

MARCH 29

Have you felt lonely lately? Why?

20_ _

20_ _

20_ _

MARCH 30

What do you see out your window?

20_ _

20_ _

20_ _

MARCH 31

What do you try to forget about but can't?

20_ _

20_ _

20_ _

APRIL 1

Did you play a trick on anyone today? What was it?

20_ _

20_ _

20_ _

APRIL 2

If you could have any superpower, what would it be? Why?

20_ _

20_ _

20_ _

APRIL 3

What is the worst part of having (or not having) a sibling?

20_ _

20_ _

20_ _

APRIL 4

What are your favorite clothes to wear?

20___

_____

_____

_____

_____

_____

20___

_____

_____

_____

_____

_____

20___

_____

_____

_____

_____

_____

APRIL 5

If you could go into the past, where would you go? Why?

20_ _

20_ _

20_ _

APRIL 6

What would you like to tell your parent or another close family member?

20__ __

_____

_____

_____

_____

_____

20__ __

_____

_____

_____

_____

_____

20__ __

_____

_____

_____

_____

_____

APRIL 7

Who understands you the best?

20__ __

_____

_____

_____

_____

_____

20__ __

_____

_____

_____

_____

_____

20__ __

_____

_____

_____

_____

_____

APRIL 8

Are you sad about anything today? What is it?

20____

_____

20____

_____

20____

_____

APRIL 9

If _____, things would be a lot better.

20_ _ _____

_____

_____

_____

_____

_____

20_ _ _____

_____

_____

_____

_____

20_ _ _____

_____

_____

_____

_____

APRIL 10

What have you done lately to help the planet?

20_ _ _____

_____

_____

_____

_____

20_ _ _____

_____

_____

_____

_____

20_ _ _____

_____

_____

_____

_____

APRIL 11

How much do you think these things cost:
a gallon of milk, a car, your sneakers?

20__

20__

20__

APRIL 12

When did you feel left out?

20__ __

_____

20__ __

_____

20__ __

_____

APRIL 13

What is your favorite season? Why?

20_ _ _____

_____

_____

_____

_____

_____

20_ _ _____

_____

_____

_____

_____

_____

20_ _ _____

_____

_____

_____

_____

_____

APRIL 14

I especially love _____ lately.

20___

20___

20___

APRIL 15

Whom do you look up to? Why?

20_ _

20_ _

20_ _

APRIL 16

Is there something you'd like to do with someone in your family? What is it?

20_ _

_____

_____

_____

_____

_____

20_ _

_____

_____

_____

_____

_____

20_ _

_____

_____

_____

_____

_____

APRIL 17

If you were a dog, what kind would you be?

20__ __ _____

_____

_____

_____

_____

20__ __ _____

_____

_____

_____

_____

20__ __ _____

_____

_____

_____

_____

APRIL 18

I hate it when _____.

20__ __

_____

_____

_____

_____

_____

_____

20__ __

_____

_____

_____

_____

_____

_____

20__ __

_____

_____

_____

_____

_____

_____

APRIL 19

What music makes you happy? Why?

20_ _

20_ _

20_ _

APRIL 20

Did you ever tell a lie? What did you say?

20_ _

20_ _

20_ _

APRIL 21

Whose mind would you like to be able to read? Why?

20_ _

20_ _

20_ _

APRIL 22

How do you usually get to school?

20_ _

_____

20_ _

_____

20_ _

_____

APRIL 23

How would you describe the place where you live?

20_ _

20_ _

20_ _

APRIL 24

Who helps you when you're afraid?

20_ _

20_ _

20_ _

APRIL 25

When did you feel confident in yourself?

20＿＿

_____

_____

_____

_____

_____

20＿＿

_____

_____

_____

_____

_____

20＿＿

_____

_____

_____

_____

_____

APRIL 26

Whom would you like to be friends with? Why?

20_ _

20_ _

20_ _

APRIL 27

What are you doing after school today?

20_ _ _____

_____

_____

_____

_____

_____

20_ _ _____

_____

_____

_____

_____

_____

20_ _ _____

_____

_____

_____

_____

_____

APRIL 28

What is your favorite color? What does it remind you of?

20_ _

_____

_____

_____

_____

_____

20_ _

_____

_____

_____

_____

_____

20_ _

_____

_____

_____

_____

_____

APRIL 29

Who lives in your home with you?

20____

20____

20____

APRIL 30

What is your nickname? Who uses it?

20_ _

_____

20_ _

_____

20_ _

_____

MAY 1

If you could have any animal for a pet, what would it be?

20_ _

20_ _

20_ _

MAY 2

How did you calm down the last time you were angry?

20___ ___

_____

_____

_____

_____

_____

20___ ___

_____

_____

_____

_____

_____

20___ ___

_____

_____

_____

_____

_____

MAY 3

What do you like to do at recess (or at the park) these days?

20_ _

_____

_____

_____

_____

_____

20_ _

_____

_____

_____

_____

_____

20_ _

_____

_____

_____

_____

_____

MAY 4

Which age would you like to be? Why?

20____

_____

_____

_____

_____

_____

20____

_____

_____

_____

_____

_____

20____

_____

_____

_____

_____

_____

MAY 5

What is your favorite time of day at home?

20_ _ _____

_____

_____

_____

_____

20_ _ _____

_____

_____

_____

_____

20_ _ _____

_____

_____

_____

_____

MAY 6

What do you want right now, but are afraid to ask for?

20___ ___

_____

_____

_____

_____

_____

20___ ___

_____

_____

_____

_____

_____

20___ ___

_____

_____

_____

_____

_____

MAY 7

Are your friends nice to you? Give an example.

20__ __

20__ __

20__ __

MAY 8

I get frustrated when _____.

20_ _

_____

_____

_____

_____

_____

20_ _

_____

_____

_____

_____

_____

20_ _

_____

_____

_____

_____

_____

MAY 9

Describe an imaginary creature you wish you could meet.

20_ _

20_ _

20_ _

MAY 10

What color of the rainbow do you feel like today? Why?

20_ _

20_ _

20_ _

MAY 11

What would be a good Mother's Day gift?

20_ _

20_ _

20_ _

MAY 12

How do you feel about sitting still in school?

20_ _

20_ _

20_ _

MAY 13

What person in the world would you like to meet?

20_ _

20_ _

20_ _

MAY 14

What did you have for lunch today? Did you like it?

20_ _

20_ _

20_ _

MAY 15

What seems dangerous to you? Why?

20_ _

_____

_____

_____

_____

_____

20_ _

_____

_____

_____

_____

_____

20_ _

_____

_____

_____

_____

_____

MAY 16

How do you feel when you look at the stars at night?

20_ _

20_ _

20_ _

MAY 17

Do you have enough free time? Why or why not?

20__ _

20__ _

20__ _

MAY 18

_____ is mean. Explain.

20___

20___

20___

MAY 19

What are your favorite toys? Why?

20__ __

_____

20__ __

_____

20__ __

_____

MAY 20

What is the wildest thing you've ever done?

20___

_____

_____

_____

_____

_____

20___

_____

_____

_____

_____

_____

20___

_____

_____

_____

_____

_____

MAY 21

If you could fly right now, where would you go?

20_ _

_____

20_ _

_____

20_ _

_____

MAY 22

What is your dream job?

20____

20____

20____

MAY 23

How do you like to spend your time on the weekend?

20_ _

20_ _

20_ _

MAY 24

Who drives you crazy? Why?

20___ ___

_____

_____

_____

_____

_____

20___ ___

_____

_____

_____

_____

_____

20___ ___

_____

_____

_____

_____

_____

MAY 25

Which electronics (cell phone, video games, computer, TV, etc.) do you use the most?

20___

_____

_____

_____

_____

_____

20___

_____

_____

_____

_____

_____

20___

_____

_____

_____

_____

_____

MAY 26

Are you loud, quiet, or in between?

20_ _

20_ _

20_ _

MAY 27

I wish I could _____ all day.

20_ _

_____

_____

_____

_____

_____

_____

20_ _

_____

_____

_____

_____

_____

20_ _

_____

_____

_____

_____

_____

MAY 28

Write three words to describe your family.

20_ _

_____

20_ _

_____

20_ _

_____

MAY 29

I wouldn't want my friends to know that _____.

20_ _ _____

_____

_____

_____

_____

_____

20_ _ _____

_____

_____

_____

_____

_____

20_ _ _____

_____

_____

_____

_____

_____

MAY 30

What is the best movie you've seen lately?

20_ _

20_ _

20_ _

MAY 31

What chores are you supposed to do? How do you feel about them?

20___ ___

_____

_____

_____

_____

_____

20___ ___

_____

_____

_____

_____

_____

20___ ___

_____

_____

_____

_____

_____

JUNE 1

Describe a dream you can remember.

20＿＿

20＿＿

20＿＿

JUNE 2

When was the last time you cried? What made you sad?

20_ _

20_ _

20_ _

JUNE 3

Which do you like more, being inside or outside? Why?

20_ _

20_ _

20_ _

JUNE 4

What have you tried to say, but no one listens?

20_ _

_____

_____

_____

_____

_____

20_ _

_____

_____

_____

_____

_____

20_ _

_____

_____

_____

_____

_____

JUNE 5

Would you like to be a writer, artist, dancer, musician, or actor? How strongly do you feel about it?

20_ _

20_ _

20_ _

JUNE 6

What smells do you really like?

20____

20____

20____

JUNE 7

What are three words to describe your neighborhood?

20__ __

_____

_____

_____

_____

_____

20__ __

_____

_____

_____

_____

_____

20__ __

_____

_____

_____

_____

_____

JUNE 8

I'm jealous of _____ because _____.

20_ _ _____

_____

_____

_____

_____

_____

20_ _ _____

_____

_____

_____

_____

_____

20_ _ _____

_____

_____

_____

_____

_____

JUNE 9

Are you more like sunshine, rain, or thunder? Why?

20_ _

_____

20_ _

_____

20_ _

_____

JUNE 10

Who is the youngest person you know?

20_ _ _____

_____

_____

_____

_____

_____

20_ _ _____

_____

_____

_____

_____

_____

20_ _ _____

_____

_____

_____

_____

_____

JUNE 11

If they made school go all year round, I would _____.

20_ _ _____

_____

_____

_____

_____

20_ _ _____

_____

_____

_____

_____

20_ _ _____

_____

_____

_____

_____

JUNE 12

If you could go back in time and change something, what would it be?

20_ _ _____

_____

_____

_____

_____

20_ _ _____

_____

_____

_____

_____

20_ _ _____

_____

_____

_____

_____

JUNE 13

**Do you have any plans with a friend?
What are they?**

20_ _

20_ _

20_ _

JUNE 14

I want a new _____ ASAP.

20_ _ _____

_____

_____

_____

_____

_____

20_ _ _____

_____

_____

_____

_____

_____

20_ _ _____

_____

_____

_____

_____

_____

JUNE 15

What would be a good Father's Day gift?

20___ ___

_____

_____

_____

_____

_____

20___ ___

_____

_____

_____

_____

_____

20___ ___

_____

_____

_____

_____

_____

JUNE 16

Today was fun because _____.

20____ _____

_____

_____

_____

_____

20____ _____

_____

_____

_____

_____

20____ _____

_____

_____

_____

_____

JUNE 17

What do you like best about your face?

20_ _

20_ _

20_ _

JUNE 18

What isn't fair?

20____

_____

_____

_____

_____

_____

20____

_____

_____

_____

_____

_____

20____

_____

_____

_____

_____

_____

JUNE 19

What is a small thing that makes you happy?

20_ _ _____

_____

_____

_____

_____

20_ _ _____

_____

_____

_____

_____

20_ _ _____

_____

_____

_____

_____

JUNE 20

_____ confuses me.

20___ ___ _____

_____

_____

_____

_____

_____

20___ ___ _____

_____

_____

_____

_____

_____

20___ ___ _____

_____

_____

_____

_____

_____

JUNE 21

Is there someone who won't play with you? What's going on?

20_ _

20_ _

20_ _

JUNE 22

Which language would you like to learn? Why?

20__ _____

_____

_____

_____

_____

_____

20__ _____

_____

_____

_____

_____

_____

20__ _____

_____

_____

_____

_____

_____

JUNE 23

What was the last thing you built or made?

20_ _ _

_____

_____

_____

_____

_____

20_ _ _

_____

_____

_____

_____

_____

20_ _ _

_____

_____

_____

_____

_____

JUNE 24

I wish my family was _____.

20___ ___ _____

_____

_____

_____

_____

_____

20___ ___ _____

_____

_____

_____

_____

_____

20___ ___ _____

_____

_____

_____

_____

_____

JUNE 25

Have you ever bullied someone? What happened?

20_ _ _____

_____

_____

_____

_____

_____

20_ _ _____

_____

_____

_____

_____

20_ _ _____

_____

_____

_____

_____

_____

JUNE 26

Do you like morning or night better? Why?

20____ _____

_____

_____

_____

_____

20____ _____

_____

_____

_____

_____

20____ _____

_____

_____

_____

_____

JUNE 27

What annoys you? Why?

20_ _ _____

_____

_____

_____

_____

_____

20_ _ _____

_____

_____

_____

_____

_____

20_ _ _____

_____

_____

_____

_____

_____

JUNE 28

Is winning important to you? Why or why not?

20_ _

20_ _

20_ _

JUNE 29

What is the best gift you have ever gotten?

20_ _ _____

_____

_____

_____

_____

20_ _ _____

_____

_____

_____

_____

20_ _ _____

_____

_____

_____

_____

JUNE 30

What makes you feel like crying?

20_ _

20_ _

20_ _

JULY 1

Which relative do you like to talk to? Why?

20_ _

_____

20_ _

_____

20_ _

_____

JULY 2

I feel great when I wear _____.

20_ _ _____

_____

_____

_____

_____

_____

20_ _ _____

_____

_____

_____

_____

20_ _ _____

_____

_____

_____

_____

JULY 3

Is there anything you will NOT eat?

20___

_____

_____

_____

_____

_____

20___

_____

_____

_____

_____

_____

20___

_____

_____

_____

_____

_____

JULY 4

Whom did you play with last?

20___ ___

_____

_____

_____

_____

_____

20___ ___

_____

_____

_____

_____

_____

20___ ___

_____

_____

_____

_____

_____

JULY 5

If you had a day to do whatever you wanted, what would you do?

20_ _ _____

_____

_____

_____

_____

_____

20_ _ _____

_____

_____

_____

_____

_____

20_ _ _____

_____

_____

_____

_____

_____

JULY 6

Are you afraid of the dark? Why or why not?

20_ _

20_ _

20_ _

JULY 7

_____ is nice to me. Explain why.

20___ ___ _____

_____

_____

_____

_____

_____

20___ ___ _____

_____

_____

_____

_____

_____

20___ ___ _____

_____

_____

_____

_____

_____

JULY 8

Which three words do you like the sound of?

20___ ___

_____

_____

_____

_____

_____

20___ ___

_____

_____

_____

_____

_____

20___ ___

_____

_____

_____

_____

_____

JULY 9

**Is there something you're sorry you said?
What is it?**

20_ _

_____

20_ _

_____

20_ _

_____

JULY 10

What's the best thing about today?

20____

20____

20____

JULY 11

When was the last time you wanted to say, "I quit"?
Did you?

20_ _

20_ _

20_ _

JULY 12

What snack do other people have that you wish you had?

20____

20____

20____

JULY 13

Do you like surprises or not? Explain.

20___

_____

_____

_____

_____

_____

20___

_____

_____

_____

_____

_____

20___

_____

_____

_____

_____

_____

JULY 14

If you could help children in another part of the world, what would you do?

20＿＿

_____

_____

_____

_____

_____

20＿＿

_____

_____

_____

_____

_____

20＿＿

_____

_____

_____

_____

_____

JULY 15

What was the last book you liked?

20____

20____

20____

JULY 16

Do you have any new friends? Who are they?

20_ _

20_ _

20_ _

JULY 17

What is your favorite junk food?

20____

_____

20____

_____

20____

_____

JULY 18

What are your two top wishes right now?

20_ _ _____

_____

_____

_____

_____

20_ _ _____

_____

_____

_____

_____

20_ _ _____

_____

_____

_____

_____

JULY 19

Do you like to feel safe, or do you like adventure?

20_ _

_____

20_ _

_____

20_ _

_____

JULY 20

_____ is so funny!

20_ _ _____

_____

_____

_____

_____

20_ _ _____

_____

_____

_____

_____

20_ _ _____

_____

_____

_____

_____

JULY 21

How would you like to decorate your room?

20_ _

_____

_____

_____

_____

_____

_____

20_ _

_____

_____

_____

_____

_____

_____

20_ _

_____

_____

_____

_____

_____

_____

JULY 22

What do you think about when you wake up?

20_ _

20_ _

20_ _

JULY 23

What do you own that is very valuable to you?

20__ __

_____

_____

_____

_____

_____

_____

20__ __

_____

_____

_____

_____

_____

_____

20__ __

_____

_____

_____

_____

_____

_____

JULY 24

Have you had a nightmare lately? Describe it.

20____

20____

20____

JULY 25

If only I had _____, then I'd be
a lot happier.

20_ _

20_ _

20_ _

JULY 26

Describe your pet or a pet you'd like to have.

20_ _

_____

_____

_____

_____

_____

20_ _

_____

_____

_____

_____

_____

20_ _

_____

_____

_____

_____

_____

JULY 27

What have you bought with your own money lately?

20___ ___

20___ ___

20___ ___

JULY 28

Does anyone fight in your house? What is that like?

20___

20___

20___

JULY 29

How do you feel when you see a spider?

20_ _

20_ _

20_ _

JULY 30

Who is the last adult you talked to besides a parent?

20_ _

20_ _

20_ _

JULY 31

Write three words to describe your best friend.

20___

20___

20___

AUGUST 1

I wish I could stay up until _____.

20____ _____

_____

_____

_____

_____

20____ _____

_____

_____

_____

_____

20____ _____

_____

_____

_____

_____

AUGUST 2

Would you rather be camping or watching a movie?

20_ _

_____

20_ _

_____

20_ _

_____

AUGUST 3

How do you feel when you're playing an instrument or painting a picture?

20____

20____

20____

AUGUST 4

Do you feel safer when you're alone or with other people? Explain.

20_ _

_____

_____

_____

_____

_____

20_ _

_____

_____

_____

_____

_____

20_ _

_____

_____

_____

_____

_____

AUGUST 5

What song fits you? Why?

20___ ___

20___ ___

20___ ___

AUGUST 6

What treasures have you found lately?

20_ _

_____

20_ _

_____

20_ _

_____

AUGUST 7

If you could be best in the world at something, what would it be?

20_ _

20_ _

20_ _

AUGUST 8

Is someone mad at you? Who? Why?

20_ _

20_ _

20_ _

AUGUST 9

What do you collect?

20_ _ _

20_ _ _

20_ _ _

AUGUST 10

When was the last time you went to a friend's house?

20_ _

_____

20_ _

_____

20_ _

_____

AUGUST 11

What would you like to learn to do?

20_ _

20_ _

20_ _

AUGUST 12

How do you feel about swearing? Explain.

20_ _

20_ _

20_ _

AUGUST 13

What wild thing would you like to do but don't?

20_ _ ⎯⎯⎯⎯⎯⎯⎯⎯⎯⎯⎯⎯⎯⎯⎯⎯⎯⎯⎯⎯⎯⎯⎯⎯⎯

⎯⎯⎯⎯⎯⎯⎯⎯⎯⎯⎯⎯⎯⎯⎯⎯⎯⎯⎯⎯⎯⎯⎯⎯⎯⎯⎯⎯⎯⎯⎯

⎯⎯⎯⎯⎯⎯⎯⎯⎯⎯⎯⎯⎯⎯⎯⎯⎯⎯⎯⎯⎯⎯⎯⎯⎯⎯⎯⎯⎯⎯⎯

⎯⎯⎯⎯⎯⎯⎯⎯⎯⎯⎯⎯⎯⎯⎯⎯⎯⎯⎯⎯⎯⎯⎯⎯⎯⎯⎯⎯⎯⎯⎯

⎯⎯⎯⎯⎯⎯⎯⎯⎯⎯⎯⎯⎯⎯⎯⎯⎯⎯⎯⎯⎯⎯⎯⎯⎯⎯⎯⎯⎯⎯⎯

20_ _ ⎯⎯⎯⎯⎯⎯⎯⎯⎯⎯⎯⎯⎯⎯⎯⎯⎯⎯⎯⎯⎯⎯⎯⎯⎯

⎯⎯⎯⎯⎯⎯⎯⎯⎯⎯⎯⎯⎯⎯⎯⎯⎯⎯⎯⎯⎯⎯⎯⎯⎯⎯⎯⎯⎯⎯⎯

⎯⎯⎯⎯⎯⎯⎯⎯⎯⎯⎯⎯⎯⎯⎯⎯⎯⎯⎯⎯⎯⎯⎯⎯⎯⎯⎯⎯⎯⎯⎯

⎯⎯⎯⎯⎯⎯⎯⎯⎯⎯⎯⎯⎯⎯⎯⎯⎯⎯⎯⎯⎯⎯⎯⎯⎯⎯⎯⎯⎯⎯⎯

⎯⎯⎯⎯⎯⎯⎯⎯⎯⎯⎯⎯⎯⎯⎯⎯⎯⎯⎯⎯⎯⎯⎯⎯⎯⎯⎯⎯⎯⎯⎯

20_ _ ⎯⎯⎯⎯⎯⎯⎯⎯⎯⎯⎯⎯⎯⎯⎯⎯⎯⎯⎯⎯⎯⎯⎯⎯⎯

⎯⎯⎯⎯⎯⎯⎯⎯⎯⎯⎯⎯⎯⎯⎯⎯⎯⎯⎯⎯⎯⎯⎯⎯⎯⎯⎯⎯⎯⎯⎯

⎯⎯⎯⎯⎯⎯⎯⎯⎯⎯⎯⎯⎯⎯⎯⎯⎯⎯⎯⎯⎯⎯⎯⎯⎯⎯⎯⎯⎯⎯⎯

⎯⎯⎯⎯⎯⎯⎯⎯⎯⎯⎯⎯⎯⎯⎯⎯⎯⎯⎯⎯⎯⎯⎯⎯⎯⎯⎯⎯⎯⎯⎯

⎯⎯⎯⎯⎯⎯⎯⎯⎯⎯⎯⎯⎯⎯⎯⎯⎯⎯⎯⎯⎯⎯⎯⎯⎯⎯⎯⎯⎯⎯⎯

AUGUST 14

What games do you like to play?

20_ _

_____

20_ _

_____

20_ _

_____

AUGUST 15

How do you feel about waking up in the morning?

20___

_____

_____

_____

_____

_____

_____

20___

_____

_____

_____

_____

_____

_____

20___

_____

_____

_____

_____

_____

_____

AUGUST 16

Describe a time you were sick.

20__ __ _____

_____

_____

_____

_____

_____

20__ __ _____

_____

_____

_____

_____

_____

20__ __ _____

_____

_____

_____

_____

_____

AUGUST 17

Would you rather travel back in time or go to outer space? Why?

20___ ___

_____

_____

_____

_____

_____

20___ ___

_____

_____

_____

_____

_____

20___ ___

_____

_____

_____

_____

_____

AUGUST 18

How do you feel about sleepovers?

20_ _

_____

20_ _

_____

20_ _

_____

AUGUST 19

Would you rather get something done or hang out and relax?

20＿＿

20＿＿

20＿＿

AUGUST 20

Which toys have you outgrown?

20_ _ _____

_____

_____

_____

_____

_____

20_ _ _____

_____

_____

_____

_____

_____

20_ _ _____

_____

_____

_____

_____

_____

AUGUST 21

What makes you laugh?

20__ __

_____

_____

_____

_____

_____

20__ __

_____

_____

_____

_____

_____

20__ __

_____

_____

_____

_____

_____

AUGUST 22

**When did you try something new?
What was it?**

20_ _

20_ _

20_ _

AUGUST 23

How do you feel about brothers and sisters?

20___ ___

20___ ___

20___ ___

AUGUST 24

**Did you hurt yourself lately?
What happened?**

20＿＿ _____

_____

_____

_____

_____

_____

20＿＿ _____

_____

_____

_____

_____

_____

20＿＿ _____

_____

_____

_____

_____

_____

AUGUST 25

Do you like someone a lot? Who is it?

20_ _

20_ _

20_ _

AUGUST 26

No one knows I _____.

20_ _ _____

_____

_____

_____

_____

_____

20_ _ _____

_____

_____

_____

_____

_____

20_ _ _____

_____

_____

_____

_____

_____

AUGUST 27

What bugs do you like?
What bugs do you dislike?

20_ _

_____

20_ _

_____

20_ _

_____

AUGUST 28

I didn't expect _____.

20____

20____

20____

AUGUST 29

Do you like to play with one person or lots of people?

20_ _

20_ _

20_ _

AUGUST 30

What rules at home seem silly to you?

20_ _

20_ _

20_ _

AUGUST 31

What song do you like to sing? Why?

20_ _

20_ _

20_ _

SEPTEMBER 1

Is there something you can't stop thinking about? What is it?

20___

_____

_____

_____

_____

_____

20___

_____

_____

_____

_____

_____

20___

_____

_____

_____

_____

_____

SEPTEMBER 2

Do you like to cook? What is your favorite thing to make?

20_ _

20_ _

20_ _

SEPTEMBER 3

Whom do you like to hug? Why?

20_ _

20_ _

20_ _

SEPTEMBER 4

Is it easy for you to tell people,
"No, I don't want to do that"?
Or is it hard?

20_ _

20_ _

20_ _

SEPTEMBER 5

The worst part about my bedroom is
_____.

20_ _ _____

_____

_____

_____

_____

_____

20_ _ _____

_____

_____

_____

_____

_____

20_ _ _____

_____

_____

_____

_____

_____

SEPTEMBER 6

Are you a leader or a follower?

20_ _

20_ _

20_ _

SEPTEMBER 7

If people could see inside you, what would they see?

20_ _

20_ _

20_ _

SEPTEMBER 8

Name a movie you didn't like.
Explain why.

20_ _

20_ _

20_ _

SEPTEMBER 9

When do you feel really good about yourself?

20_ _

_____

20_ _

_____

20_ _

_____

SEPTEMBER 10

What do you do to take care of yourself when you're afraid?

20_ _

_____

20_ _

_____

20_ _

_____

SEPTEMBER 11

Would you rather draw or ride a bike?

20_ _

20_ _

20_ _

SEPTEMBER 12

Whom would you love to have sitting in your room talking to you?

20_ _ _____

_____

_____

_____

_____

20_ _ _____

_____

_____

_____

_____

20_ _ _____

_____

_____

_____

_____

SEPTEMBER 13

What makes you nervous? Why?

20_ _

20_ _

20_ _

SEPTEMBER 14

What do you do if someone won't share?

20_ _

_____

20_ _

_____

20_ _

_____

SEPTEMBER 15

What is your favorite drink? Why?

20_ _

20_ _

20_ _

SEPTEMBER 16

Who seems brave to you? Why?

20____

_____

20____

_____

20____

_____

SEPTEMBER 17

How do you feel about homework?

20___

_____

_____

_____

_____

_____

20___

_____

_____

_____

_____

_____

20___

_____

_____

_____

_____

_____

SEPTEMBER 18

_____ doesn't
understand me. Explain.

20_ _

20_ _

20_ _

SEPTEMBER 19

Who is the silliest person you know? Why?

20__

20__

20__

SEPTEMBER 20

Do you like to get dirty or not? How come?

20_ _

20_ _

20_ _

SEPTEMBER 21

Do you feel like a lucky person? Why or why not?

20_ _

20_ _

20_ _

SEPTEMBER 22

What kinds of animals do you like?

20_ _

20_ _

20_ _

SEPTEMBER 23

The best thing about being a grown-up is _____.

20_ _ _____

_____

_____

_____

_____

20_ _ _____

_____

_____

_____

_____

20_ _ _____

_____

_____

_____

_____

SEPTEMBER 24

What kinds of books do you like
to read?

20__ __

20__ __

20__ __

SEPTEMBER 25

Has someone ever asked you to do something you didn't want to do? Explain.

20_ _

20_ _

20_ _

SEPTEMBER 26

What did you have for breakfast today?

20_ _ _____

_____

_____

_____

_____

_____

20_ _ _____

_____

_____

_____

_____

_____

20_ _ _____

_____

_____

_____

_____

_____

SEPTEMBER 27

I used to dislike _____, but now I think I like it.

20____ _____

_____

_____

_____

_____

20____ _____

_____

_____

_____

_____

20____ _____

_____

_____

_____

_____

SEPTEMBER 28

What chores do you always put off?

20____

20____

20____

SEPTEMBER 29

Who loves you a lot?

20_ _

20_ _

20_ _

SEPTEMBER 30

Which do you like better—math or reading?

20____

20____

20____

OCTOBER 1

Whom are you worried about? Why?

20_ _

20_ _

20_ _

OCTOBER 2

What would your perfect day be like?

20___ _____

_____

_____

_____

_____

_____

20___ _____

_____

_____

_____

_____

20___ _____

_____

_____

_____

_____

OCTOBER 3

I wish my teachers would _____.

20___

_____

_____

_____

_____

_____

20___

_____

_____

_____

_____

_____

20___

_____

_____

_____

_____

_____

OCTOBER 4

If you could start a company that made something, what would it make?

20_ _

_____

20_ _

_____

20_ _

_____

OCTOBER 5

Do you get an allowance? How do you feel about it?

20_ _

20_ _

20_ _

OCTOBER 6

Who is your best friend?

20__ __

20__ __

20__ __

OCTOBER 7

Do you have a favorite picture, poster, or map hanging in your room? Why do you like it?

20_ _

20_ _

20_ _

OCTOBER 8

_____ really tires me out.

20___

_____
_____
_____
_____
_____
_____

20___

_____
_____
_____
_____
_____
_____

20___

_____
_____
_____
_____
_____
_____

OCTOBER 9

What do you dream about doing?

20___ _____

_____

_____

_____

_____

20___ _____

_____

_____

_____

_____

20___ _____

_____

_____

_____

_____

OCTOBER 10

What's a favorite memory you have with a friend?

20__ __

20__ __

20__ __

OCTOBER 11

What is your favorite dinner?

20____

20____

20____

OCTOBER 12

What did someone tell you that wasn't true?

20_ _

20_ _

20_ _

OCTOBER 13

If I had a magic eraser, I would erase
_____.

20_ _ _____

_____

_____

_____

_____

_____

20_ _ _____

_____

_____

_____

_____

_____

20_ _ _____

_____

_____

_____

_____

_____

OCTOBER 14

Are you more like a monkey, a tiger, a fox, or a rabbit?

20_ _

20_ _

20_ _

OCTOBER 15

I hope no one catches me _____.

20__ __ _____

_____

_____

_____

_____

_____

20__ __ _____

_____

_____

_____

_____

_____

20__ __ _____

_____

_____

_____

_____

_____

OCTOBER 16

Do you believe in ghosts? Explain.

20_ _

20_ _

20_ _

OCTOBER 17

Pick a parent. What is the most important thing to that parent?

20_ _

20_ _

20_ _

OCTOBER 18

What is the best present someone could give you right now?

20_ _

20_ _

20_ _

OCTOBER 19

Are you mad at someone? Whom? Why?

20_ _

20_ _

20_ _

OCTOBER 20

Have you tried anything new lately? What?

20__ __

20__ __

20__ __

OCTOBER 21

Do you have any enemies? Who?

20__ __

20__ __

20__ __

OCTOBER 22

What was the last fruit or veggie you ate?

20_ _

20_ _

20_ _

OCTOBER 23

What would you like to get rid of or throw away?

20_ _ _____

_____

_____

_____

_____

_____

20_ _ _____

_____

_____

_____

_____

_____

20_ _ _____

_____

_____

_____

_____

OCTOBER 24

What was the last movie you saw?

20_ _

20_ _

20_ _

OCTOBER 25

What would you like to tell your grandparent or another close family member?

20_ _ _____

_____

_____

_____

_____

_____

20_ _ _____

_____

_____

_____

_____

_____

20_ _ _____

_____

_____

_____

_____

OCTOBER 26

My grandparent(s) _____.

20_ _ _____

_____

_____

_____

_____

_____

20_ _ _____

_____

_____

_____

_____

_____

20_ _ _____

_____

_____

_____

_____

_____

OCTOBER 27

What do you work hard at?

20_ _

20_ _

20_ _

OCTOBER 28

What would you like to stop from happening?

20_ _

20_ _

20_ _

OCTOBER 29

If one of your parents described you, what would they say?

20_ _ _____

_____

_____

_____

_____

20_ _ _____

_____

_____

_____

_____

20_ _ _____

_____

_____

_____

_____

OCTOBER 30

Do you like your room clean or messy?

20_ _

20_ _

20_ _

OCTOBER 31

What Halloween costume did you want to wear? Did you wear it?

20_ _

20_ _

20_ _

NOVEMBER 1

Today I learned _____.

20____ _____

_____

_____

_____

_____

_____

20____ _____

_____

_____

_____

_____

_____

20____ _____

_____

_____

_____

_____

NOVEMBER 2

Have you ever broken a bone or hurt yourself badly? Explain.

20_ _

20_ _

20_ _

NOVEMBER 3

What secret are you keeping to yourself?

20_ _ _____

_____

_____

_____

_____

_____

20_ _ _____

_____

_____

_____

_____

_____

20_ _ _____

_____

_____

_____

_____

_____

NOVEMBER 4

Which character would you be in a movie or on TV?

20__

20__

20__

NOVEMBER 5

Whom do you like to talk to?

20_ _

20_ _

20_ _

NOVEMBER 6

How is this school year going? Use two words to describe it.

20_ _

20_ _

20_ _

NOVEMBER 7

How do you pass the time on long car rides?

20__

20__

20__

NOVEMBER 8

What are your favorite shoes?

20_ _

_____

20_ _

_____

20_ _

_____

NOVEMBER 9

Today was awesome because
_____.

20_ _ _____

_____

_____

_____

_____

20_ _ _____

_____

_____

_____

_____

20_ _ _____

_____

_____

_____

_____

NOVEMBER 10

What is one thing you own that you would never give away?

20_ _

_____

_____

_____

_____

_____

_____

20_ _

_____

_____

_____

_____

_____

_____

20_ _

_____

_____

_____

_____

_____

_____

NOVEMBER 11

Whom would you bring back to life if you could?

20___ _____

_____

_____

_____

_____

_____

20___ _____

_____

_____

_____

_____

_____

20___ _____

_____

_____

_____

_____

_____

NOVEMBER 12

Is something or someone stopping you from doing what you want?

20_ _

20_ _

20_ _

NOVEMBER 13

Where would you like to go for a family vacation?

20_ _

20_ _

20_ _

NOVEMBER 14

What do you get to do at someone else's house that you wish you could do at yours?

20＿＿

20＿＿

20＿＿

NOVEMBER 15

What is your favorite dessert?

20___ _____

_____

_____

_____

_____

_____

20___ _____

_____

_____

_____

_____

_____

20___ _____

_____

_____

_____

_____

_____

NOVEMBER 16

The two things I'm most afraid of are
_____ and _____.

20___

20___

20___

NOVEMBER 17

Describe the room you're in right now.

20___ _____

_____

_____

_____

_____

_____

20___ _____

_____

_____

_____

_____

_____

20___ _____

_____

_____

_____

_____

_____

NOVEMBER 18

I get impatient when _____.

20_ _

_____

_____

_____

_____

_____

_____

20_ _

_____

_____

_____

_____

_____

_____

20_ _

_____

_____

_____

_____

_____

_____

NOVEMBER 19

What advice would you give to a younger brother or sister?

20_ _

_____

20_ _

_____

20_ _

_____

NOVEMBER 20

Who are the most important people in your life?

20_ _

_____

_____

_____

_____

_____

20_ _

_____

_____

_____

_____

_____

20_ _

_____

_____

_____

_____

_____

NOVEMBER 21

I feel the happiest when I'm
_____.

20___ ___

_____

_____

_____

_____

_____

_____

20___ ___

_____

_____

_____

_____

_____

_____

20___ ___

_____

_____

_____

_____

_____

_____

NOVEMBER 22

What surprised you lately?

20_ _

_____

20_ _

_____

20_ _

_____

NOVEMBER 23

What holiday do you look forward to the most?

20_ _

20_ _

20_ _

NOVEMBER 24

What famous person would you like to talk with?

20_ _

_____

20_ _

_____

20_ _

_____

NOVEMBER 25

My favorite thing to do is _____.

20_ _ _____

_____

_____

_____

_____

_____

20_ _ _____

_____

_____

_____

_____

_____

20_ _ _____

_____

_____

_____

_____

_____

NOVEMBER 26

When did you say something really honest to someone?

20___ ___

_____

_____

_____

_____

_____

20___ ___

_____

_____

_____

_____

_____

20___ ___

_____

_____

_____

_____

_____

NOVEMBER 27

Are you working as hard as you could be? Why or why not?

20___

20___

20___

NOVEMBER 28

When were you goofy?

20_ _

_____

_____

_____

_____

_____

20_ _

_____

_____

_____

_____

_____

20_ _

_____

_____

_____

_____

_____

NOVEMBER 29

Do you usually finish all your homework on time? Explain.

20_ _ _____

_____

_____

_____

_____

_____

20_ _ _____

_____

_____

_____

_____

_____

20_ _ _____

_____

_____

_____

_____

_____

NOVEMBER 30

If you could start a company that helped people, how would it help?

20_ _ _____

_____

_____

_____

_____

20_ _ _____

_____

_____

_____

_____

20_ _ _____

_____

_____

_____

_____

DECEMBER 1

Who inspires you? Why?

20_ _ _____

_____

_____

_____

_____

_____

20_ _ _____

_____

_____

_____

_____

_____

20_ _ _____

_____

_____

_____

_____

_____

DECEMBER 2

Do you like climbing trees and monkey bars? How do you feel about being up high?

20___

20___

20___

DECEMBER 3

How happy are you, on a scale of one to ten?

20___ ___

20___ ___

20___ ___

DECEMBER 4

How do you calm down at night?

20_ _

20_ _

20_ _

DECEMBER 5

Describe an important day in your life.

20_ _

_____

_____

_____

_____

_____

20_ _

_____

_____

_____

_____

_____

20_ _

_____

_____

_____

_____

_____

DECEMBER 6

Who has disappointed you? How?

20_ _

20_ _

20_ _

DECEMBER 7

If you were invisible today, what would you do?

20____

20____

20____

DECEMBER 8

I want to know _____ better.

20___ ___

_____

_____

_____

_____

_____

_____

20___ ___

_____

_____

_____

_____

_____

_____

20___ ___

_____

_____

_____

_____

_____

_____

DECEMBER 9

Where would you live if you could live anywhere?

20_ _

_____

_____

_____

_____

_____

20_ _

_____

_____

_____

_____

_____

20_ _

_____

_____

_____

_____

_____

DECEMBER 10

Pick a parent. How do you know that parent cares about you?

20_ _

20_ _

20_ _

DECEMBER 11

What was the most interesting part of school today?

20_ _ _____

_____

_____

_____

_____

_____

20_ _ _____

_____

_____

_____

_____

_____

20_ _ _____

_____

_____

_____

_____

_____

DECEMBER 12

My parents won't let me _____.

20_ _ _____

_____

_____

_____

_____

_____

20_ _ _____

_____

_____

_____

_____

_____

20_ _ _____

_____

_____

_____

_____

_____

DECEMBER 13

Describe the perfect secret hideout.

20_ _

20_ _

20_ _

DECEMBER 14

If anyone knew I _____, they'd think I was weird.

20_ _ _____

_____

_____

_____

_____

_____

20_ _ _____

_____

_____

_____

_____

_____

20_ _ _____

_____

_____

_____

_____

_____

DECEMBER 15

What do you daydream about?

20___ _____

20___ _____

20___ _____

DECEMBER 16

_____ is boring to me because _____.

20___ ___ _____

_____

_____

_____

_____

_____

20___ ___ _____

_____

_____

_____

_____

20___ ___ _____

_____

_____

_____

_____

DECEMBER 17

What do you like to talk about with your friends?

20___ ___

20___ ___

20___ ___

DECEMBER 18

Describe the weather outside.

20_ _

_____

_____

_____

_____

_____

20_ _

_____

_____

_____

_____

_____

20_ _

_____

_____

_____

_____

_____

DECEMBER 19

What did you do to get some exercise today?

20_ _

20_ _

20_ _

DECEMBER 20

Have you ever been on an airplane or a train? Where did you go and what was it like?

20_ _

20_ _

20_ _

DECEMBER 21

What is your favorite day of the week? Why?

20__ __

_____

_____

_____

_____

_____

20__ __

_____

_____

_____

_____

_____

20__ __

_____

_____

_____

_____

_____

DECEMBER 22

What is the worst thing that could happen to you?

20_ _

20_ _

20_ _

DECEMBER 23

_____ is a habit that I would like to break.

20___ ___

_____

_____

_____

_____

_____

_____

20___ ___

_____

_____

_____

_____

_____

_____

20___ ___

_____

_____

_____

_____

_____

_____

DECEMBER 24

Someone who knows me well would describe me using these two words: _____ and _____.

20_ _ _____

_____

_____

_____

_____

_____

20_ _ _____

_____

_____

_____

_____

_____

20_ _ _____

_____

_____

_____

_____

_____

DECEMBER 25

What are you looking forward to?

20____

_____

20____

_____

20____

_____

DECEMBER 26

What would you like to invent?

20_ _

_____

20_ _

_____

20_ _

_____

DECEMBER 27

If I were older, I would _____.

20_ _ _____

_____

_____

_____

_____

_____

20_ _ _____

_____

_____

_____

_____

_____

20_ _ _____

_____

_____

_____

_____

DECEMBER 28

What have you always had trouble with?

20_ _

20_ _

20_ _

DECEMBER 29

Has anyone said something really nice to you lately? What was it?

20_ _

_____

20_ _

_____

20_ _

_____

DECEMBER 30

Describe your favorite place at home.

20__ __

_____

_____

_____

_____

_____

20__ __

_____

_____

_____

_____

_____

20__ __

_____

_____

_____

_____

DECEMBER 31

Draw a picture of yourself.

20___

20___

20___

DECEMBER 30

Describe your favorite place at home.

20_ _

20_ _

20_ _

DECEMBER 31

Draw a picture of yourself.

20__ __

20__ __

20__ __